MÉTHODE ESSENTIELLEMENT PROGRESSIVE

NOUVEAUX CAHIERS D'ORTHOGRAPHE

PRÉPARÉS ET RÉGLÉS

PETITE GRAMMAIRE ÉLÉMENTAIRE

AVEC

EXERCICES ORTHOGRAPHIQUES ET RÉSUMÉS

EN 57 LEÇONS

EN 10 CAHIERS

PRÉPARATION A NOTRE *ORTHOGRAPHE D'USAGE*, A NOTRE *SUBJONCTIF*
ET A NOTRE *PETITE GRAMMAIRE NATIONALE*

PAR

BESCHERELLE

UN CAHIER, 10 CENTIMES, LE CENT, 8 FRANCS

> Dans le pays du suffrage universel, tout citoyen doit
> savoir lire et écrire.
> *(Discours de l'Empereur à l'ouverture des Chambres.)*

6ᵉ CAHIER

FIN DES ADJECTIFS. — EXERCICES SUR LES ADJECTIFS DÉMONSTRATIFS, POSSESSIFS, NUMÉRAUX, INDÉFINIS
ET SUR LES PRONOMS PERSONNELS

PARIS

LIBRAIRIE CLASSIQUE ET ADMINISTRATIVE
PAUL DUPONT
RUE DE GRENELLE-SAINT-HONORÉ, 45

V. DENTU, LIBRAIRE
PALAIS-ROYAL, GALERIE D'ORLÉANS, 17 ET 19

GANGU BT ET POUGEOIS, LIBRAIRES
RUE CASSETTE, 12

CH. MEYRUEIS, LIBRAIRE
RUE DE RIVOLI, 174

ROUDIEZ ET Cⁱᵉ
RUE ET PASSAGE DAUPHINE, 30

JUNG TREUTTEL, LIBRAIRE
RUE DE LILLE, 19
MÊME MAISON A LEIPSICK, 10, QUERSTRASSE

BESCHERELLE, PROFESSEUR
RUE DE GRENELLE-SAINT-HONORÉ, 29

ET A TOUTES LES LIBRAIRIES CLASSIQUES

PROSPECTUS

Dans tous les pays de l'Europe, le peuple sait parler et écrire sa propre langue. Notre infériorité, à cet égard, a été constatée par des documents statistiques émanés du ministère de l'instruction publique.

Ce n'est pas que les bonnes méthodes manquent, encore moins ceux qui sont chargés de les enseigner : on connaît assez leur zèle et leur capacité. Mais parmi ces méthodes il y a beaucoup à choisir si l'on considère le temps qu'il faut passer à l'école et les résultats qu'il s'agit d'obtenir dans un court espace de temps. Sous ce rapport, aucune ne présente les avantages qu'au premier coup d'œil on aperçoit dans la nôtre. Nous en avons fait l'expérience sur des enfants de neuf à douze ans, qui, après nos 57 leçons, ont su tous sans exception la grammaire et l'orthographe.

Des résultats si rapides et si efficaces nous ont engagé à publier notre nouvelle méthode appelée, croyons-nous, à rendre d'immenses services. Unique en son genre, elle réalise tout à la fois le bon marché et le progrès, deux choses aujourd'hui inséparables dans toute méthode d'enseignement. En effet, grâce à une dépense insignifiante et à un travail facile et de peu de durée, tout le monde pourra désormais savoir l'orthographe.

Qui douterait de l'efficacité de notre méthode et de la promptitude des résultats? On n'apprendra pas seulement dans un temps extrêmement court la construction grammaticale et orthographique, on apprendra encore à se défaire d'une infinité d'expressions incorrectes. Avec nous, l'enfant ne dira plus : *C'est moi qui l'es, c'est moi qui se nomme un tel, donne-moi-s-en, donne-moi-le, etc.*; il est forcé de dire : *C'est moi qui le suis, c'est moi qui me nomme un tel, donne-m'en, donne-le-moi, etc.* Toutes les phrases lui étant données à la première personne, il ne pourra jamais s'écarter dans les autres de la correction grammaticale. Si, dans le premier cahier, il manque à l'orthographe, ce qui arrivera nécessairement, il se rectifiera bien vite de lui-même dans les autres. Un avantage encore qui n'appartient qu'à notre méthode, c'est que toutes nos phrases, comme exercice oral ou écrit, peuvent se mettre à tous les temps et à toutes les personnes, avantage précieux qui contribuera puissamment à développer l'intelligence des enfants.

Quelques personnes nous ont fait observer qu'il y avait dans nos exercices des phrases un peu longues, et que, dans ce cas, il était impossible à l'enfant qui avait une écriture lâche d'écrire entièrement ces phrases à toutes les personnes. Nous répondons que toutes les écritures lâches sont mauvaises, et que nos cahiers serviront encore à les corriger, puisqu'il sera de toute nécessité d'écrire plus serré et plus fin.

Répondons encore à une dernière observation. Beaucoup d'instituteurs, beaucoup de maisons d'éducation tiennent à leur mode d'enseignement et n'en sauraient changer, du moins quant à présent. Nous n'avons en aucune manière la prétention de substituer notre méthode à toutes celles qui existent. Nos cahiers ne sont que des exercices que les élèves, en général, aiment à faire, parce qu'ils flattent leur amour-propre, et par cela même ils ne seront jamais en trop.

Que dirons-nous de plus? On voit que pour 1 franc on a une grammaire, 10 cahiers, 57 exercices préparés et réglés, et l'assurance positive de parvenir promptement et heureusement au but. Nous espérons que tous ces avantages réunis seront appréciés par tout le corps enseignant, et que nos efforts pour abréger l'étude de la grammaire et de l'orthographe seront couronnés de succès.

1re *Pers. du S.*	Je suis un bon patriote.
2^e	
3^e	
1re *Pers. du P.*	
2^e	
3^e	

1re *Pers. du S.*	J'admire les vertus patriotiques.
2^e	
3^e	
1re *Pers. du P.*	
2^e	
3^e	

1re *Pers. du S.*	Je ne sais pas si je deviendrai un héros.
2^e	
3^e	
1re *Pers. du P.*	
2^e	
3^e	

1re *Pers. du S.*	Ce que je sais, c'est que j'admire les actions héroïques.
2^e	
3^e	
1re *Pers. du P.*	
2^e	
3^e	

1re *Pers. du S.*	(*Point de première personne.*)
2^e	Sois philanthrope.
3^e	
1re *Pers. du P.*	
2^e	
3^e	

1re Pers. du S.	(*Point de première personne.*)
2^e	Fais du bien aux hommes, tu auras des principes philanthropiques.
3^e	
1re Pers. du P.	
2^e	
3^e	

1re Pers. du S.	(*Point de première personne.*)
2^e	Sois vertueux, tu seras vraiment philosophe.
3^e	
1re Pers. du P.	
2^e	
3^e	

1re Pers. du S.	J'aime les bonnes doctrines philosophiques.
2^e	
3^e	
1re Pers. du P.	
2^e	
3^e	

1re Pers. du S.	Je suis patriote, et j'ai des sentiments patriotiques.
2^e	
3^e	
1re Pers. du P.	
2^e	
3^e	

RÉSUMÉ.

Les élèves diront les adjectifs qui conviennent aux personnes et ceux qui appartiennent aux choses :

Patriotique.	Économe.	Philosophe.	Philanthrope.
Aristocrate.	Philosophique.	Démagogique.	Monarchique.
Patriote.	Économique.	Héros.	Aristocratique.
Démagogique.	Monarque.	Philanthropique.	Despotique.
Despote.	Héroïque.	Consolable.	Pardonnable.

XXVIᵉ LEÇON.

ADJECTIFS DÉMONSTRATIFS.

PRÉCEPTE.

Les adjectifs démonstratifs sont : 1º *ce, cet,* pour le masculin; 2º *cette,* pour le féminin; 3º *ces,* pour les deux genres.

Ce se met devant les mots commençant par une consonne ou un *h* aspiré : *ce village, ce hameau;* et *cet* devant une voyelle ou un *h* muet: *cet oiseau, cet homme.*

MODÈLE.

1ʳᵉ *Pers. du S.*	Ce chapeau ne me va pas bien.
2ᵉ	Ce chapeau ne te va pas bien.
3ᵉ	Ce chapeau ne lui va pas bien.
1ʳᵉ *Pers. du P.*	Ce chapeau ne nous va pas bien.
2ᵉ	Ce chapeau ne vous va pas bien.
3ᵉ	Ce chapeau ne leur va pas bien.

EXERCICES.

(Les élèves écriront chaque phrase à toutes les personnes, et la diront oralement aux temps du verbe qui leur seront demandés.)

1ʳᵉ *Pers. du S.*	Je vendrai ces habits qui ne me servent plus.
2ᵉ	
3ᵉ	
1ʳᵉ *Pers. du P.*	
2ᵉ	
3ᵉ	

1ʳᵉ *Pers. du S.*	Ces bottines me sont trop étroites.
2ᵉ	
3ᵉ	
1ʳᵉ *Pers. du P.*	
2ᵉ	
3ᵉ	

1re *Pers. du S.*	J'aimerai toujours le hameau où j'ai reçu le jour.
2^e	
3^e	
1re *Pers. du P.*	
2^e	
3^e	
1re *Pers. du S.*	Je suis allé ces jours derniers à la campagne.
2^e	
3^e	
1re *Pers. du P.*	
2^e	
3^e	
1re *Pers. du S.*	Je lirai ce livre, il m'intéresse beaucoup.
2^e	
3^e	
1re *Pers. du P.*	
2^e	
3^e	
1re *Pers. du S.*	Je ne veux pas de ce fromage, il n'est pas de mon goût.
2^e	
3^e	
1re *Pers. du P.*	
2^e	
3^e	
1re *Pers. du S.*	C'est moi qui assaisonnerai cette salade.
2^e	
3^e	
1re *Pers. du P.*	
2^e	
3^e	Ce sont

1ʳᵉ *Pers. du S.*	Ce homard est très bon selon moi.
2ᵉ	_____
3ᵉ	_____
1ʳᵉ *Pers. du P.*	_____
2ᵉ	_____
3ᵉ	_____

1ʳᵉ *Pers. du S.*	Cette maison est à vendre, je veux l'acheter.
2ᵉ	_____
3ᵉ	_____
1ʳᵉ *Pers. du P.*	_____
2ᵉ	_____
3ᵉ	_____

1ʳᵉ *Pers. du S.*	J'achèterai ces écrevisses, elles me paraissent fraîches.
2ᵉ	_____
3ᵉ	_____
1ʳᵉ *Pers. du P.*	_____
2ᵉ	_____
3ᵉ	_____

1ʳᵉ *Pers. du S.*	Je vais donner l'aumône à ces pauvres gens.
2ᵉ	_____
3ᵉ	_____
1ʳᵉ *Pers. du P.*	_____
2ᵉ	_____
3ᵉ	_____

RÉSUMÉ.

Les élèves mettront *ce, cet, cette, ces* devant les mots qui conviennent :

morceau.	musique.	salade.	office.
nouvelle.	homme.	nature.	bonheur.
monde.	hameau.	gens.	aumône.
jour.	ville.	temps.	présentation.
air.	idée.	bête.	vol.
hémisphère.	héros.	artichauts.	haricots.
harengs.	harmonie.	héroïne.	haine.

XXVIIe LEÇON.

DES ADJECTIFS POSSESSIFS.

PRÉCEPTE.

Les adjectifs possessifs sont ceux qui expriment la possession ; ces adjectifs sont :

SINGULIER.			SINGULIER.	
Masculin.	Féminin.			
Mon.	Ma.		Notre,	
Ton.	Ta.		Votre,	Pour les deux genres.
Son.	Sa.		Leur,	
PLURIEL.			PLURIEL.	
Mes,			Nos,	
Tes,	Pour les deux genres.		Vos,	Pour les deux genres.
Ses,			Leurs,	

Devant les mots féminins qui commencent par une voyelle ou un *h* muet, il faut employer les formes *mon, ton, son,* au lieu des formes *ma, ta, sa,* pour éviter un hiatus : *mon âme, ton humeur, son épée,* au lieu de *ma âme, ta humeur, sa épée.*

MODÈLE.

1re *Pers. du S.*	J'ai trop chaud, il faut que je m'évente avec mon mouchoir.
2^e	Tu as trop chaud, il faut que tu t'éventes avec ton mouchoir.
3^e	Il a trop chaud, il faut qu'il s'évente avec son mouchoir.
1re *Pers. du P.*	Nous avons trop chaud, il faut que nous nous éventions avec notre mouchoir.
2^e	Vous avez trop chaud, il faut que vous vous éventiez avec votre mouchoir.
3^e	Ils ont trop chaud, il faut qu'ils s'éventent avec leur mouchoir.

EXERCICES.

(Les élèves écriront chaque phrase à toutes les personnes, et la diront oralement aux temps du verbe qui leur seront demandés.)

1re *Pers. du S.*	(*Point de première personne.*)
2^e	En société, ne prends pas toutes tes aises.
3^e	
1re *Pers. du P.*	
2^e	
3^e	

1re *Pers. du S.*	J'aurais honte de passer ma vie dans l'oisiveté et dans l'ignorance.
2^e	
3^e	
1re *Pers. du P.*	
2^e	
3^e	

1re *Pers. du S.* Je suis gai quand je me livre à mon humeur joyeuse.
2^e
3^e
1re *Pers. du P.*
2^e
3^e

1re *Pers. du S.* Dans ma jeunesse, je dois travailler.
2^e
3^e
1re *Pers. du P.*
2^e
3^e

1re *Pers. du S.* Dès que je perdrai tout mon bien, je perdrai tous mes amis.
2^e
3^e
1re *Pers. du P.*
2^e
3^e

1re *Pers. du S.* Je ne quitterai jamais ma terre natale.
2^e
3^e
1re *Pers. du P.*
2^e
3^e

1re *Pers. du S.* | C'est mon chapeau, ce sont mes gants.
2^e
3^e
1re *Pers. du P.*
2^e
3^e

1re *Pers. du S.* | Il faut que je vienne à bout de mes desseins.
2^e
3^e
1re *Pers. du P.*
2^e
3^e

1re *Pers. du S.* | J'aime ma bonne mère.
2^e
3^e
1re *Pers. du P.*
2^e
3^e

1re *Pers. du S.* | (*Point de première personne.*)
2^e | Mène tes enfants à l'église.
3^e
1re *Pers. du P.*
2^e
3^e

1re *Pers. du S.* | (*Point de première personne.*)
2^e | Ne querelle pas toujours tes domestiques.
3^e
1re *Pers. du P.*
2^e
3^e

1re *Pers. du S.*	Si je mets de l'ordre dans mes affaires, je serai un homme rangé.
2e	
3e	
1re *Pers. du P.*	
2e	
3e	

1re *Pers. du S.*	Je suis franc, c'est mon caractère.
2e	
3e	
1re *Pers. du P.*	
2e	
3e	

1re *Pers. du S.*	(*Point de première personne.*)
2e	Elève ton cœur à Dieu, et prie-le tous les matins.
3e	
1re *Pers. du P.*	
2e	
3e	

1re *Pers. du S.*	J'ai reconnu mon père au son de sa voix.
2e	
3e	
1re *Pers. du P.*	
2e	
3e	

RÉSUMÉ.

Les élèves mettront des substantifs après les adjectifs possessifs :

MASCULIN SINGULIER.	FÉMININ SINGULIER. Devant une voyelle.	FÉMININ SINGULIER. Devant une consonne.	MASCULIN PLURIEL.	FÉMININ PLURIEL.
Mon	Mon	Ma	Mes	Mes
Ton	Ton	Ta	Tes	Tes
Son	Son	Sa	Ses	Ses
Notre	Notre	Notre	Nos	Nos
Votre	Votre	Votre	Vos	Vos
Leur	Leur	Leur	Leurs	Leurs

XXVIIIe LEÇON.

DES ADJECTIFS NUMÉRAUX.

PRÉCEPTE.

Les adjectifs *numéraux* déterminent la signification du substantif en y ajoutant une idée de *nombre* ou d'*ordre ;* ils se divisent en :

1° Adjectifs numéraux *cardinaux*, qui servent à compter, à indiquer le nombre, comme *un, deux, trois, quatre, cinq*, etc.

2° Adjectifs numéraux *ordinaux*, qui servent à indiquer l'ordre, le rang, comme *premier, second, deuxième, troisième*, etc. : *Romulus fut le* PREMIER *roi de Rome.*

Ces derniers, à l'exception de *premier, second*, se forment des adjectifs de nombre cardinaux.

Unième ne s'emploie que dans les composés, *vingt et unième*. Le *f* de *neuf* se change en *v* dans *neuvième.*

Vingt et *cent* sont les seuls adjectifs numéraux cardinaux susceptibles de prendre la marque du pluriel ; ils sont invariables lorsqu'ils sont multipliés par un nombre et suivis d'un autre : *quatre-vingt-dix ans ;* ils prennent un *s* lorsque, multipliés, ils ne sont suivis d'aucun nom de nombre : *quatre-vingts ans, six cents ans.*

L'expression *six-vingts*, employée par les écrivains des dix-septième et dix-huitième siècles, commence à vieillir.

Vingt et *cent*, quoique multipliés par un autre nombre, ne prennent pas de *s* s'ils sont mis pour *vingtième* et *centième.*

Mille, adjectif numéral, est invariable ; mais *mille*, mesure itinéraire, prend un *s* au pluriel.

Par abréviation, on écrit *mil* dans la supputation ordinaire des années depuis l'ère chrétienne, l'an *mil* sept cent quatre-vingt ; orthographe qui subsistera sans doute jusqu'à l'an deux *mille*. Mais on écrit l'an du monde trois *mille* quatre cent seize, en parlant des années qui ont précédé notre ère et de celles qui suivront le millésime où nous sommes.

MODÈLE.

1re *Pers. du S.*	(*Point de première personne.*)
2^e	Si tu veux un journal, demandes-en un.
3^e	S'il veut un journal, qu'il en demande un.
1re *Pers. du P.*	Si nous voulons un journal, demandons-en un.
2^e	Si vous voulez un journal, demandez-en un.
3^e	S'ils veulent un journal, qu'ils en demandent un

EXERCICES.

(Les élèves écriront chaque phrase à toutes les personnes, et la diront oralement aux temps du verbe qui leur seront demandés.)

1ᵣₑ *Pers. du S.* | J'ai fait aujourd'hui près de huit lieues à pied.
2ᵉ
3ᵉ
1ʳᵉ *Pers. du P.*
2ᵉ
3ᵉ

1ʳᵉ *Pers. du S.* | A sept heures je me lève, à neuf heures je me couche.
2ᵉ
3ᵉ
1ʳᵒ *Pers. du P.*
2ᵉ
3ᵉ

1ʳᵉ *Pers. du S.* | Je n'ai pas des mille et des cents.
2ᵉ
3ᵉ
1ʳᵉ *Pers. du P.*
2ᵉ
3ᵉ

1ʳᵉ *Pers. du S.* | Ma mère a quatre-vingts ans, et mon père quatre-vingt-dix.
2ᶜ
3ᵉ
1ʳᵉ *Pers. du P.*
2ᵉ
3ᵉ

1ᵛᵉ *Pers. du S.* | J'ai fait cet exercice en mil huit cent soixante-cinq.
2ᶜ
3ᵉ
1ʳᵉ *Pers. du P.*
2ᵉ
3ᵉ

1re Pers. du S.	(*Point de première personne.*)
2e	Désires-tu une serviette, demandes-en une.
3e	
1re Pers. du P.	
2e	
3e	
1re Pers. du S.	Quand je suis en train de travailler, je travaille comme quatre.
2e	
3e	
1re Pers. du P.	
2e	
3e	
1re Pers. du S.	Mon ami m'a prêté cent francs.
2e	
3e	
1re Pers. du P.	
2e	
3e	
1re Pers. du S.	J'ai à payer deux cents francs ou deux cent cinquante.
2e	
3e	
1re Pers. du P.	
2e	
3e	
1re Pers. du S.	J'irai en Amérique, et je reviendrai avec des millions.
2e	
3e	
1re Pers. du P.	
2e	
3e	

1re *Pers. du S.*	J'ai acheté une douzaine de poulets.
2^e	
3^e	
1re *Pers. du P.*	
2^e	
3^e	

1re *Pers. du S.*	Je ne pèse pas plus de cent dix livres.
2^e	
3^e	
1re *Pers. du P.*	
2^e	
3^e	

1re *Pers. du S.*	Je recevrai demain deux cent cinquante francs.
2^e	
3^e	
1re *Pers. du P.*	
2^e	
3^e	

1re *Pers. du S.*	Je connais l'*Histoire des Mille et une Nuits.*
2^e	
3^e	
1re *Pers. du P.*	
2^e	
3^e	

RÉSUMÉ.

Les élèves mettront au pluriel les mots suivants :

SINGULIER.	PLURIEL.	SINGULIER.	PLURIEL.
Une dizaine.		Un millier.	
Une vingtaine.		Un million.	
Une trentaine.		Un milliard.	
Une cinquantaine.		Un cent.	
Une centaine.		Un mille (lieue).	

XXIXe LEÇON.

ADJECTIFS INDÉFINIS.

PRÉCEPTE.

Les adjectifs *indéfinis* sont ceux qui ajoutent au substantif qu'ils précèdent une idée vague, indéfinie, générale : ces adjectifs sont :

SINGULIER.		PLURIEL.	
Masculin.	Féminin.	Masculin.	Féminin.
Tout.	Toute.	Tous.	Toutes.
Tel.	Telle.	Tels.	Telles.
Quel.	Quelle.	Quels.	Quelles.
Nul.	Nulle.	Nuls.	Nulles.
Aucun.	Aucune.	Aucuns.	Aucunes.
Maint.	Mainte.	Maints.	Maintes.
Certain.	Certaine.	Certains.	Certaines.
Quelque.	Quelque.	Quelques.	Quelques.
Même.	Même.	Mêmes.	Mêmes.

CHAQUE sert pour les deux genres, au singulier seulement.
PLUSIEURS sert pour les deux genres, au pluriel seulement.

MODÈLE.

1re *Pers. du S.*	Je fais pour lui ce que je ne fais pas pour tout autre.
2^e	Tu fais pour lui ce que tu ne fais pas pour tout autre.
3^e	Il fait pour lui ce qu'il ne fait pas pour tout autre.
1re *Pers. du P.*	Nous faisons pour lui ce que nous ne faisons pas pour tout autre.
2^e	Vous faites pour lui ce que vous ne faites pas pour tout autre.
3^e	Ils font pour lui ce qu'ils ne font pas pour tout autre.

EXERCICES.

(Les élèves écriront chaque phrase à toutes les personnes, et la diront oralement aux temps du verbe qui leur seront demandés.)

1re *Pers. du S.* Tout savant que je suis, j'ignore encore bien des choses.
2^e
3^e
1re *Pers. du P.*
2^e
3^e

1re *Pers. du S.*	J'aime Dieu préférablement à toute chose.
2^e	
3^e	
1re *Pers. du P.*	
2^e	
3^e	

1re *Pers. du S.*	Je n'ai pas dormi de toute la nuit.
2^e	
3^e	
1re *Pers. du P.*	
2^e	
3^e	

1re *Pers. du S.*	Quelque savant que je sois, je veux encore m'instruire.
2^e	
3^e	
1re *Pers. du P.*	
2^e	
3^e	

1re *Pers. du S.*	Je n'ai pas encore vu Paris, quelque envie que j'en aie.
2^e	
3^e	
1re *Pers. du P.*	
2^e	
3^e	

1re *Pers. du S.*	Je ne suis pas tel que l'on pense.
2^e	
3^e	
1re *Pers. du P.*	
2^e	
3^e	

1re *Pers. du S.*	Je ne suis pas changé, et mes sentiments sont toujours les mêmes.
2e	
3e	
1re *Pers. du P.*	
2e	
3e	

1re *Pers. du S.*	*(Point de première personne.)*
2e	Ne fais aucune faute, et tu ne seras pas puni.
3e	
1re *Pers. du P.*	
2e	
3e	

1re *Pers. du S.*	Si je perds, je paierai tous les frais.
2e	
3e	
1re *Pers. du P.*	
2e	
3e	

1re *Pers. du S.*	*(Point de première personne.)*
2e	Accommode-toi de tout ce qui t'arrive.
3e	
1re *Pers. du P.*	
2e	
3e	

1re *Pers. du S.*	Je suis sincère, et je me montre tel que je suis.
2e	
3e	
1re *Pers. du P.*	
2e	
3e	

1ʳᵉ *Pers. du S.*	(*Point de première personne.*)
2ᵉ	Sois modeste, quels que soient tes talents.
3ᵉ	
1ʳᵉ *Pers. du P.*	_____
2ᵉ	_____
3ᵉ	_____

1ʳᵉ *Pers. du S.*	(*Point de première personne.*)
2ᵉ	En toute chose, fais ce que tu dois.
3ᵉ	
1ʳᵉ *Pers. du P.*	_____
2ᵉ	_____
3ᵉ	_____

RÉSUMÉ.

Les élèves mettront les mots suivants au pluriel :

MASCULIN SINGULIER.	MASCULIN PLURIEL.	FÉMININ SINGULIER.	FÉMININ PLURIEL.
Tout.	_____	Toute.	_____
Tel.	_____	Telle.	_____
Quel.	_____	Quelle.	_____
Nul.	_____	Nulle.	_____
Aucun.	_____	Aucune.	_____
Maint.	_____	Mainte.	_____
Certain.	_____	Certaine.	_____
Quelque.	_____	Quelque.	_____
Même.	_____	Même.	_____

XXXᵉ LEÇON.

DES PRONOMS PERSONNELS.

PRÉCEPTE.

Les pronoms personnels sont ceux qui désignent les personnes.

Il y a trois personnes : la première est celle qui parle, la seconde, celle à qui l'on parle, la troisième, celle de qui l'on parle.

Tableau des pronoms personnels.

PREMIÈRE PERSONNE.

Je, me, moi, servent pour le singulier et sont des deux genres.

Nous, sert pour le pluriel et est des deux genres.

SECONDE PERSONNE.

Tu, te, toi, servent pour le singulier et sont des deux genres.

Vous, sert pour le pluriel et est des deux genres.

TROISIÈME PERSONNE.

Il, le, servent pour le masculin singulier.

Lui, sert pour le singulier et est des deux genres.

Elle, la, servent pour le singulier féminin.

Ils, eux, servent pour le pluriel masculin.

Elles, sert pour le féminin pluriel.

Les, leur, servent pour le pluriel des deux genres.

Se, soi, en, y, sont des deux genres et des deux nombres; *en* signifie *de lui, d'elles, d'eux, d'elles; y* signifie *à cette chose, à ces choses.*

Je, tu, il, ils, sont toujours employés comme sujets.

Moi, toi, nous, vous, elle, elles, eux, lui (masculin), *soi,* sont tantôt sujets, tantôt compléments, soit directs, soit indirects.

Me, te, se, lui (féminin pour *à elle*) sont toujours compléments, soit directs, soit indirects.

Le, la, les, sont toujours compléments directs. Ils sont *articles* quand ils sont placés devant un substantif, ils sont *pronoms* quand ils sont placés avant ou après un verbe.

Leur, en, y, sont toujours compléments indirects.

Les pronoms personnels *je, me, te, se, le, la,* placés devant un mot commençant par une voyelle ou un *h* non aspiré, occasionneraient un hiatus désagréable. C'est pour éviter cet hiatus, qu'en pareille rencontre on supprime la lettre finale, et qu'on la remplace par l'apostrophe.

MODÈLE.

1re *Pers. du S.*	Que gagnerais-je à me plaindre?
2^e	Que gagnerais-tu à te plaindre?
3^e	Que gagnerait-il à se plaindre?
1re *Pers. du P.*	Que gagnerions-nous à nous plaindre?
2^e	Que gagneriez-vous à vous plaindre?
3^e	Que gagneraient-ils à se plaindre?

EXERCICES.

(Les élèves écriront chaque phrase à toutes les personnes, et la diront oralement aux temps du verbe qui leur seront demandés.)

1re *Pers. du S.* Je suis fort quand j'ai pour moi le témoignage de ma conscience.

1ʳᵉ *Pers. du S.*	Plus je me hâterai, moins j'avancerai.
2ᵉ	
3ᵉ	
1ʳᵉ *Pers. du P.*	
2ᵉ	
3ᵉ	

1ʳᵉ *Pers. du S.*	Je me ferais détester, si je parlais toujours de moi.
2ᵉ	
3ᵉ	
1ʳᵉ *Pers. du P.*	
2ᵉ	
3ᵉ	

1ʳᵉ *Pers. du S.*	J'aurai souvent besoin d'un plus petit que moi.
2ᵉ	
3ᵉ	
1ʳᵉ *Pers. du P.*	
2ᵉ	
3ᵉ	

1ʳᵉ *Pers. du S.*	(*Point de première personne.*)
2ᵉ	Respecte-toi toi-même.
3ᵉ	
1ʳᵉ *Pers. du P.*	
2ᵉ	
3ᵒ	

1ʳᵉ *Pers. du S.*	Je suis hardi dès que je dis la vérité.
2ᵉ	
3ᵉ	
1ʳᵉ *Pers. du P.*	
2ᵉ	
3ᵉ	

1ʳᵉ *Pers. du S.*	Veillé-je et n'est-ce pas un songe que je vois ?
2ᵉ	
3ᵉ	
1ʳᵉ *Pers. du P.*	
2ᵉ	
3ᵉ	

1ʳᵉ *Pers. du S.*	Chantais-je, elle chantait.
2ᵉ	
3ᵉ	
1ʳᵉ *Pers. du P.*	
2ᵉ	
3ᵉ	

1ʳᵉ *Pers. du S.*	Me couchai-je, mon ami se coucha.
2ᵉ	
3ᵉ	
1ʳᵉ *Pers. du P.*	
2ᵉ	
3ᵉ	

1ʳᵉ *Pers. du S.*	Parlerai-je, mon frère se taira.
2ᵉ	
3ᵉ	
1ʳᵉ *Pers. du P.*	
2ᵉ	
3ᵉ	

1ʳᵉ *Pers. du S.*	Irais-je à la promenade, il m'accompagnerait.
2ᵉ	
3ᵉ	
1ʳᵉ *Pers. du P.*	
2ᵉ	
3ᵉ	

Paris.— Typ. de Ch. Meyrueis, rue des Grès, 11. — 1865.

OUVRAGES BESCHERELLE

EN VENTE CHEZ L'AUTEUR, RUE DE GRENELLE-SAINT-HONORÉ, 29

ET A TOUTES LES LIBRAIRIES CLASSIQUES

NOUVELLE MÉTHODE DE LECTURE, comprenant tous les sons de la langue française avec leurs différences orthographiques. Ouvrage gradué et divisé en trois parties, au bout desquelles les enfants sont naturellement préparés à l'étude de la grammaire et de l'orthographe. Un volume in-18, cartonné . . . . 1 fr.

PETITE GRAMMAIRE NATIONALE, ou Grammaire de toutes les écoles, la plus exacte et la plus complète.
Un volume in-12, cartonné . . . . 1 fr. 50
  Exercices. Un volume in-12, cartonné . . . . 1 fr. 50
  Corrigé. Un volume in-12, cartonné . . . . 1 fr. 50

ABRÉGÉ DE LA PETITE GRAMMAIRE NATIONALE. Un volume in-12, cartonné . . . . . 60 c.
  Exercices. Un volume in-12, cartonné . . . . 60 c.
  Corrigé. Un volume in-12, cartonné . . . . 60 c.

ÉLÉMENTS DE LA GRAMMAIRE DE LHOMOND, avec Questionnaires et Exercices, par Bescherelle. Un vol. in-12, cartonné . . . . 60 c.

PETITE GRAMMAIRE ÉLÉMENTAIRE, avec Exercices orthographiques et Résumés, en 57 leçons et en 10 cahiers. Un cahier, 10 cent. ; — le cent, 8 fr.

NOUVEAU TRAITÉ DU SUBJONCTIF ET DE LA CONCORDANCE. Un petit volume in-12, cartonné . 30 c.

LA PREMIÈRE ORTHOGRAPHE D'USAGE, avec Exercices et Corrigé.
  Livre du maître. Un volume in-12, cartonné . . . . 1 fr. 50
  Livre de l'élève. Un volume in-12, cartonné . . . . 1 fr. 50

DICTIONNAIRE DES VERBES FRANÇAIS, classés par catégories et conjugués par ordre alphabétique de terminaisons ; avec des modèles conjugués à tous les temps et à la 1re personne. Un vol. in-12, cart. 1 fr. 75

LE VÉRITABLE MANUEL DES CONJUGAISONS, ou Dictionnaire des 8,000 verbes, conjugués par ordre de terminaisons et par catégories, à chacune desquelles se trouve en tête un modèle conjugué à tous les temps et à toutes les personnes. Un fort volume in-12, 5e édition . . . . 3 fr. 75

DICTIONNAIRE GRAMMATICAL ET USUEL DES PARTICIPES FRANÇAIS, classés par catégories et par ordre alphabétique de terminaisons, avec la solution analytique et raisonnée de toutes les difficultés auxquelles peuvent donner lieu les participes sous le rapport de leur orthographe, de leur usage, de leur construction et de leur syntaxe. Un volume in-12, cartonné . . . . 2 fr.

DICTIONNAIRE DES VERBES LATINS, comprenant : 1° la conjugaison latine réduite à sa plus simple expression ; — 2° une classification simple et toute nouvelle, exclusive au latin ; — 3° des catégories qui simplifient et facilitent la conjugaison ; — 4° des remarques latines très utiles et très intéressantes ; — 5° des remarques françaises, toutes étymologiques ; — 6° et enfin une table alphabétique de tous les verbes. Un vol. in-18. 2 fr. 50

MANUEL THÉORIQUE ET PRATIQUE DES SYNONYMES FRANÇAIS.
  Livre du maître. Un volume in-12, cartonné . . . . 2 fr. 50
  Livre de l'élève. Un volume in-12, cartonné . . . . 2 fr. 50

PETIT COURS DE LITTÉRATURE THÉORIQUE ET PRATIQUE, à l'usage des écoles, des collèges et des maisons d'éducation. Un volume in-18 jésus . . . . 2 fr. 25

L'ART DE LA CORRESPONDANCE. Nouveau Manuel complet, théorique et pratique, du style épistolaire et des divers genres de correspondance ; suivi de Modèles de lettres familières pour tous les usages de la correspondance. Deux volumes in-12. 2e édition . . . . 6 fr.

MANUEL DE CORRESPONDANCE ADMINISTRATIVE, COMMERCIALE ET FAMILIÈRE. Modèles de pétitions, mémoires, réclamations et actes sous seing privé, préceptes généraux sur le cérémonial des lettres, le service des postes, la correspondance télégraphique, le timbre et l'enregistrement. Un beau volume in-18 jésus . . . . 2 fr. 25

PETIT COURS DE FRANÇAIS ET D'ANGLAIS en 30 leçons. Un volume in-12 . . . . . 3 fr.

PETIT COURS DE FRANÇAIS ET D'ALLEMAND en 30 leçons. Un volume in-12 . . . . 3 fr.

PETIT COURS DE FRANÇAIS ET D'ITALIEN en 30 leçons. Un volume in-12 . . . . . 3 fr.

PETIT COURS DE FRANÇAIS ET D'ESPAGNOL en 30 leçons. Un volume in-12 . . . . . 3 fr.

LES CINQ LANGUES, ou le Français, l'Anglais, l'Allemand, l'Espagnol et l'Italien. 4 forts vol. in-12. 24 fr.

Paris. — Typ. de Ch. Meyrueis, rue des Grès, 11. — 1868.